Sophie Gudden

Familienfestspiele

Sophie Gudden

Familienfestspiele

ISBN/EAN: 9783743350878

Hergestellt in Europa, USA, Kanada, Australien, Japan

Cover: Foto ©ninafisch / pixelio.de

Manufactured and distributed by brebook publishing software (www.brebook.com)

Sophie Gudden

Familienfestspiele

Familienfestspiele.

Von

Sophie Gudden.

Deutsche Verlags-Anstalt.
Stuttgart, Leipzig, Berlin, Wien.

Alle Rechte,
insbesondere das Recht der Uebersetzung in andere Sprachen, vorbehalten.
Nachdruck wird gerichtlich verfolgt.

Druck und Papier der Deutschen Verlags-Anstalt in Stuttgart.

Herrn

Professor Dr. Georg Ebers

in Verehrung gewidmet

von der Verfasserin.

Inhalt.

	Seite
Vorwort	IX
Hochzeitsfeſtſpiel .	1
Polterabendſchwank	15
Polterabendfeſtſpiel . .	27
Indianerfeſtſpiel	41
Feſtſpiel zu einer ſilbernen Hochzeit	55
Geburtstagsfeſtſpiel	69
Maifeſtſpiel	81

Vorwort.

Es ist eine schöne deutsche Sitte, bei Familienfesten wie Geburtstagen, Polterabenden, Myrten=, silbernen und — läßt es das Schicksal gnädig zu einer solchen kommen — goldenen Hochzeiten diejenigen, die sie feiern, durch Aufführungen zu erfreuen; kommt doch durch solche Festspiele vortrefflich zum Ausdrucke, was die Mitwirkenden fühlen, hoffen und den zu Feiernden wünschen. Das wird natürlich am besten gelingen, wenn die Familie in ihrer Mitte einen Poeten besitzt, der diejenigen kennt, um die es sich handelt und mit ihrer Besonderheit im Auge in wahr empfundene zierliche Worte kleidet, was die Mitwirkenden für sie im Herzen tragen.

Doch es fehlt oft an einem solchen, und ist er vorhanden, so mangelt es ihm recht häufig an vier wichtigen Erfordernissen: Zeit, Lust oder Stimmung, Geschick und Takt.

Unzähligemale habe ich das junge Volk nach passenden Stückchen oder „Scherzen" für solche Aufführungen ausschauen sehen, und öfter, als es für meine Ruhe gut war, mußte ich ernste Arbeiten beiseite schieben, um ihm aus der Not zu helfen. Was man mir an gedruckten Scherzen von dieser Art zeigte, schien mir in seiner Flachheit, Sentimentalität oder verletzenden Derbheit der Berücksichtigung unwert.

Als mir die Verfasserin des vorliegenden Büchleins nun von ihrem Vorhaben sprach, „Familienfestspiele" zu dichten, konnte ich sie aus voller Ueberzeugung dazu ermutigen, denn ich hatte erfahren, daß sie damit einem Bedürfnis abhelfen werde. Ich wußte aber auch, daß ihr schönes poetisches Talent, ihr heiterer Sinn, gesunder Witz und feiner weiblicher Takt das Rechte treffen werde.

Sie ist die Tochter eines der tiefsten Seelenkenner Deutschlands, eines Mannes, dessen tragisches Ende bei der Erfüllung einer schweren Pflicht die lebendigste Teilnahme in allen fühlenden Herzen wachrief. Der See, der in dieser Stunde mir zu Füßen so freundlich blaut, ward sein Grab, und an diesem See war es, wo ich der Tochter des großen Irrenarztes Gudden versprach, ihre kleinen Dichtungen mit einführenden Worten zu begleiten.

Jetzt liegen die Festspiele vor mir, und wenn sie auch nur bescheidene Knospen am herrlichen Baum der deutschen Poesie darstellen und keinen Anspruch auf hohe Bedeutung erheben, so sind sie doch — dies gilt besonders von dem Silberhochzeitstück — dichterisch empfunden, frisch, heiter, eigenartig, sinnig und zur Aufführung im Familienkreise aufs beste geeignet.

Vielen, denen es an passenden Stückchen bei der Feier eines Polterabends oder einer Hochzeit fehlt, werden sie willkommen sein. Natürlich — ich wiederhole es — ist dem für die gegebene Gelegenheit mit Hinblick auf bestimmte Persönlichkeiten gedichteten Stücke in den meisten Fällen bei solcher Feier der Vorzug zu geben, wo aber der Hauspoet fehlt, wird man gern zu diesen Festspielen greifen.

Sie lassen sich um so leichter für jedes einzelne Fest tauglich machen, je ähnlicher die Empfindungen zu sein pflegen, die die Herzen bei solchem Anlaß bewegen. Mit der Aenderung einiger Eigenschaftswörter kann man das für den allgemeinen Gebrauch bestimmte Gewand unschwer dem besonderen Festkörper und den Personen anpassen, denen die Feier gilt. Das spezifisch Süddeutsche in einigen dieser Scherze werden Norddeutsche mit wenigen Strichen zu beseitigen oder umzuformen vermögen.

Das hebt sie über die ähnlichen Schriften dieser Art weit hinaus und wird ihnen manchen Freund gewinnen, daß sie keiner Versemacherin, sondern einer Dichterin und dazu einer Frau den Ursprung verdanken, deren sicherer Takt Bürgschaft für die gute Aufnahme des Dargebotenen leistet.

Möge dieses anspruchslose Festspielsträußchen vielen eine willkommene Gabe sein und der liebenswürdigen Verfasserin so viel freundlichen Dank eintragen, wie ich ihm ihr wünsche.

Als Fehler des Büchleins möchte ich den Umstand bezeichnen, daß es zu wenig Stücke zur Auswahl stellt; doch wird die Verfasserin diesen Mangel sicherlich gut machen, wenn die Teilnahme, die sich das Gegebene erwirbt, nicht allzu weit hinter ihren Hoffnungen zurückbleibt.

Tutzing, 25. Juli 1892.

Georg Ebers.

Hochzeitsfestspiel.

Gudden, Familienfestspiele.

Personen.

Frau Ehe.
Zwei Boten.
Bajazzo.
Ein Knabe.
Ein Mädchen.
Eine Großmutter.

Das Zimmer wird durch einen Vorhang in Bühne und Zuschauerraum geteilt und mit Blumen geschmückt.

Bajazzo (hereinschlüpfend).

Alldieweilen, sintemalen
Ein Konflikt ist hier entbrannt,
Kommt Frau Ehe hochgerötet,
Außer Atem angerannt.
Vallera — sie ist schon da!

Frau Ehe.

Eben wollt' ich Gänse stopfen,
Als ich hört' zwei Boten klopfen,
Hier den Michel und den Veit.
Sagt, was ist's? — Ich bin bereit.

Erster Bote (auf die Braut deutend).

Herrin! Eine junge Dame
Will das Elternhaus verlassen...

Frau Ehe.

Ei, warum? Will sie ins Kloster?
Soll's doch lieber bleiben lassen!

Beide Boten.

Nicht ins Kloster!

Frau Ehe.

      Nun, wohin denn?
Sie, der Liebling ja vom Haus,

Hält's nicht vierundzwanzig Stunden
In der kalten Fremde aus.

Beide Boten.

Nicht allein in kalter Fremde! —
Herrin, stellt euch nicht so schlau!
Euer Spruch kann sie beglücken —
Gebt dem Manne sie zur Frau!

Frau Ehe.

Nein, ihr irrt! Die hat geschworen,
Lieber wär' sie ungeboren,
Als in' Ehestand zu treten . . .

Erster Bote.

Mädchenschwüre, Mädchenreden
Flüchtig wie ein Schmetterling! —
Seht doch den Verlobungsring!

Frau Ehe.

Und wer ist's, den sie erkoren?

Beide Boten.

(Name des Bräutigams), Wohlgeboren.

Frau Ehe.

Geht mir weg! Der ist zu schüchtern,
Zu gelehrtenhaft, zu nüchtern! *)

Erster Bote.

O Frau Eh', ihr spottet bitter
Und doch fügt ihr Hand in Hand!

---

*) oder: Wie, der luft'ge Flattergeift,
    Der nicht weiß, was folgen heißt!

Unser neuer Eheritter
Hat Gemüt und hat Verstand,
Hat — das Bräutchen sagt's beflissen
Unparteiisch jedesmal:
Viel Talent, bedeutend Wissen
Kurz, er ist ein Ideal!

Frau Ehe.

Ist er's nicht, so kann er's werden,
Sein ist nun des Glückes Bau,
Doch vollkommen wird auf Erden
Erst der Mann durch seine Frau.

Bajazzo.

Bin schon lang derselben Meinung!
Freude herrsch' in dem Palazzo!
Bringt die Zeichen der Vereinung,
Kinder, folgt nur dem Bajazzo!

(Boten gehen ab. Kinder treten vor.)

Mädchen (zur Braut, übergibt ihr die Haube).

Mög dich diese Haube kleiden,
Manche dich darum beneiden!
Eva'n schon hat sie gefallen,
Sonst hätt' sie den Töchtern allen
Gleich gesagt mit Warnungsfinger:
„Hütet euch, ihr dummen Dinger!
Denn die Haube ist entsetzlich,
Ist sie zehnmal auch gesetzlich!"
Doch sie sprach — lehrt Martin Luther —
Sprach als erste Schwiegermutter:
„Freit und freuet euch der Gatten!
Freut euch in der Urzeit Schatten,

Glücklich ohne Eh-Agenten,
Ohne Kapital und Renten —
Mit dem Lichte der Kultur
Mindern sich die Ehen nur!" —
Ja, sie sind jetzt sehr zivile
Und im Dampfmaschinenstile!
Halt du fest an alter Sitte,
Nimm von mir die Haube, bitte!

(Gibt ihr die Haube, tritt knixend zurück.)

Bajazzo (führt den Knaben vor, nimmt ihm den Pantoffel aus der Hand und spricht).

Nun zum Herrn! Flugs, ohne Zagen!
Will dir den Pantoffel tragen.

(zur Seite.)

Ach, er ist schon sehr zerlöchert! —
Sokrates hat dran gestöchert,
Wär' ihn gerne losgewesen,
Doch er ist ein treues Wesen,
Heftet sich an deine Sohlen,
Wenn nicht offen, so verstohlen!

Knabe (nimmt den Pantoffel zurück und spricht zum Herrn).

Leise sollst du drum ihn tragen —
Galle schadet Herz und Magen,
Lauten Auftritt nie erlauben,
Denn sonst reget sich die Hauben.
Und ich nehm's zu Protokoll:
Sei kein Bär, sei liebevoll!
Sollst nicht mit Pantoffeln werfen —
Selbst die Hauben haben Nerven.

Großmutter (mit verschiedenen Schlüsseln).
Liebes Mädchen, hör die Ahne,
Die da bringt des Hauses Schlüssel!
Hüt den Zucker, schöpf die Sahne,
Fülle säuberlich die Schüssel!
Denn man lebt ja nicht vom Küssen,
Auch nicht in den Flitterwochen,
Und selbst Wassersuppen müssen
Feuer haben, um zu kochen.
Fülle deinen Speisekasten,
Laß nicht deine Gäste fasten,
Leg den Keller voll mit Weinen,
Denn das Wasser ist zum Waschen!
Hier die Schlüssel! — nur den einen,
Der gehört in s e i n e Taschen!
   (zum Bräutigam.)
Dieser sperrt des Hauses Thüren!
Sollst ihn sehr behutsam führen.
Gehe zeitig stets nach Hause,
Daß dich nicht die Polizei
Halte fern von deiner Klause
Bis zum frühen Hahnenschrei! —
Und Gardinenpredigt scheute
Simson selbst wie andere Leute.
   (zur Braut.)
Zieh die Stirne nicht in Falten —
   (schmeichelnd.)
Mußt ihm was zu gute halten!
   (mit dem Finger drohend.)
Nur die Eifersucht gemieden,
Denn sie macht den Menschen toll —
Sicher steht des Hauses Frieden,
Wenn du recht vertrauensvoll!

Frau Ehe.

Weisen Rat hat sie gegeben —
Tretet ein ins neue Leben!

Bajazzo (zum Brautpaar).

Halt! ein Wort noch an der Schwelle:
Ihr verliert euch sonst im Glück —

(zum Publikum.)

Von der Rührung zum Behagen
Führ' die Gäste ich zurück,
Wo ich manche drunter sehe
(Euch empfehl' ich sie, Frau Ehe!),
Die noch spotten dieser Dinge.

(mit dem Finger drohend.)

Aber glaubt's, ihr Schmetterlinge!
Schöner noch, als wenn der Vater,
Ist's, wenn heimwärts vom Theater
Euch ein Ehgespons geleitet,
Schützend seine Arme breitet!
Angenagelt auf der Stelle
Bleibt zurück der Junggeselle,
Nimmt die Zeitung aus der Tasche,
Ruft nach einer neuen Flasche,
Zupft verstimmt am Hemdenknöpfchen,
Das er heut sich angenäht,
Denkt ans kalte Kaffeetöpfchen,
Pafft und brummt: „Es ist zu spät!" —
Und dann, ach! die alten Basen,
Die des Ehestands vergaßen,
Ewig mit dem Strickstrumpf wandelnd
Und ein Möpschen grausam bandelnd,

Teils in Stiften und Vereinen
Unermüdlich auf den Beinen,
Teils auch da, wo sie als Tanten
Nützliche Beschäftigung fanden.
Darum alle, die heut kamen,
Merkt euch, was Bajazzo sprach:
Junge Herrn und junge Damen,
Macht es unserm Brautpaar nach!

Ein Polterabendschwank.

Perſonen.

Zwei ägyptiſche Mumien, in weiße Gewänder gehüllt und verhüllt.

Das „Orakel", eine verhüllte Mannesgeſtalt mit Stierkopfmaske. *)

Der „deutſche Michel" im blauen Bluſenkittel, Schlapphut.

„Bua und Diandl" in bayeriſcher Hochlandstracht mit Zithern.

Zwei, drei oder vier weißgekleidete Feſtjungfrauen mit Zweigen in den Händen. **)

---

*) Die Maske läßt ſich aus Pappe herſtellen.

**) Wo Mangel an Mitſpielenden iſt, kann man mit kleinen Aenderungen die Feſtjungfrauen weglaſſen.

(Die Mumien und das Orakel verbeugen sich dreimal langsam gegen die Gesellschaft während des Zusammenklingens von Metalldeckeln.)

Beide Mumien.

Aus unsern Pyramiden
Am Pharaonenort
Zur Oberwelt beschieden
Hat uns Orakelwort;
Doch gehn wir gern zu andern,
Auf daß ihr Fest verschönt,
Sind auch an Seelenwandern
In jeder Form gewöhnt.
Uns zieht ein seltnes Rühren

(aufs Brautpaar weisend.)

Zu jenen voller Macht,
Als sei in unsern Mumien
Die Hochzeitslust erwacht.

Orakel (Baßstimme).

So wißt, daß ihr Verwandten
Von diesem Brautpaar da —
Ur-Ur-Ur-Ur-Großtanten,
Beim ewig großen Ptha!
Drum faßt nun bei den Henkeln
Die Thongefäße leis
Und streut den Ur-Ur-Enkeln
Den Ur-Ur-Schwester-Reis!

(Mumien streuen aus Thongefäßen Reis.)

Beide Mumien.

Wir streu'n zu Glück und Preis
Den weißen Indierreis.

Erste Mumie.

In Grüften und Tiefen
Lagen und schliefen
Die Körner, die weißen —
Frisch blieben die Kräfte
Und jung ihre Säfte,
Das Glück zu verheißen,
Den Eh'stand zu preisen!

Zweite Mumie.

Im ganzen Aegyptierlande,
Am schlammigen Nilesstrande,
Wo Chamsinwinde brausen
Und Krokodile hausen,
Wo Obelisken stehen,
Der Ewigkeit bestimmt,
Wo Georg Ebers Stoffe
Zu seinen Werken nimmt —
Nicht dort und nirgends gibt es
Ein zweites so verliebtes
Und nettes Paar wie dies is:
Ich schwör es bei der Isis!

Erste Mumie.

Wir streu'n zu Glück und Preis
Den weißen Indierreis.

(Streut Reis.)

Zweite Mumie.

Eh' wir die Fackel, die festliche, zünden,
Soll das Orakel die Zukunft verkünden.
Apis spreche, der heiligste Stier,
Worte der Weisheit zu Ihm und zu Ihr.
Glaubt's, o germanische Aegyptologen,
Niemals noch hat solch Orakel gelogen!

Orakel (zur Braut).

Jungfrau, herrlich anzuschauen,
Weise wie Semiramis,
Schwingen wirst du die Sandale
Ueber ihn — das ist gewiß!

(zum Bräutigam.)

Fürchte nicht das Frauenscepter,
Frauenhuld ist stets ihm nah —
Selbst der größte der Cäsaren
Beugte sich Kleopatra!

Beide Mumien.

Weise, weise, ohne Makel
Ist's ägyptische Orakel.

Orakel (hält Papierbogen mit Zeichnungen und Schattenrissen in der Hand).

In der Zeit Papyrosrollen
Seh' ich Necken — Thränen — Schmollen
Und nach rührender Versöhnung
Eines Kusses Friedenskrönung!
Denkt nur nicht — (es thät' mir leid!)
Daß ihr nicht wie andre seid!

Beide Mumien.
Weise, weise, ohne Makel
Ist's ägyptische Orakel.

Orakel.
Ferner liegt es klar zu Tage,
Daß kein Widerspruch ihn plagt,
Denn auf die Verlobungsfrage
Hat sie sicher „Ja" gesagt.

(Zeigt einen aus Karton geschnittenen „Schattenriß" der Verlobten mit verschlungenen Händen vor.)

Das Vergang'ne ist der Zukunft
Allerbestes Horoskop.
(Merk sich jeder diese Lehre,
Eh' er eilig sich verlob'!)

(Zum Brautpaar, indem es Blätter mit humoristischen Zeichnungen, die sich auf das Brautpaar beziehen, ausbreitet, oder Bogen mit ausgeschnittenen, aufgeklebten Bildern, welche Anspielungen auf komische Vorgänge im Leben des Brautpaars bilden.)

Mögen würdig euch belohnen
Hier — der Liebe Stationen!
Auf dem Eise — auf dem Ball,
Im Theater — überall,
Bis zu dem Verlobungsfeste:
Dieses Schlußbild ist das beste!

Beide Mumien.
Weise, weise, ohne Makel
Ist's ägyptische Orakel.

(Man hört ein Posthorn — der deutsche Michel tritt ein — hinter ihm die Festjungfrauen und Bua und Diandl in Bergtracht. — Das Orakel läßt vor Schrecken die Zeichnungen fallen, die später den Festjungfrauen und dem deutschen Michel während ihres Staffagestehens Gelegenheit zum Nebenspiel geben können.)

Festjungfrauen (im Stimmendurcheinander).

O Jammer, o Jammer! — Des Mondes Sichel
Steht schon am Himmel in Majestät —
Wir haben's gesagt, o deutscher Michel,
Wir kommen zum Polterabend zu spät!

Deutscher Michel.

Potz Schwerenot und Bomben,
Wir kommen grad zur Zeit! —
(zu den Mumien.)
Jetzt sagt einmal, ihr Beiden,
Was ihr für Mädeln seid,
Und wer euch eingeladen
In solchen Maskeraden?

Erste Mumie.

Fürwahr, beim Stiere Apis,
Beim Tempel des Serapis —
Welch fellahfrecher Ton!

Zweite Mumie.

Fürwahr, beim Vogel Ibis,
's ist schlimmer, als mir's lieb is —
Ist das der Hochzeitslohn?

(Sie stehen sich drohend gegenüber. Währenddem treten Bua und Diandl vor.)

Bua.

O Jegerl, mei' Diandl,
Was hab'n's denn g'wollt?
Papierschnitzeln hab'n's
Und Reis umig'rollt!

Diandl.

O mei', die Verschwendung,
's is ganz desperat!
Dös gäb' dir a Supperl —
's is ewig drum schad'! —

Festjungfrauen (die sich ängstlich zusammengeschart haben).

O deutscher Michel, errette uns hier —
Siehst du denn nicht den schrecklichen Stier?

Deutscher Michel (tritt aufs Orakel zu).

Ein Untier seh' ich — in Laken gehüllt,
Doch hat's noch kein einzigesmal gebrüllt.
Ich nehm's beim Gehörne und führ's in den Saal
Als Leckerbissen zum fröhlichen Mahl!

Orakel (zurückweichend).

O Götter — welch' Spektakel!
Laß los! — ich bin 's Orakel!!

Erste Mumie.

O Isis und Osiris,
O wüßtet ihr, wie's mir is!

Zweite Mumie.

Beim Griechengotte Hermes,
Wer ist die Schuld des Lärmes?

Beide Mumien.

Kein Flegel soll uns wehren,
Die Hochzeit zu beehren!

Deutscher Michel.

Marsch, hinaus mit dem Gestichel!
Achtung vor dem deutschen Michel!

Orakel (zu den Mumien).

Füget euch — ich geb's Exempel,
Zieh' zurück in meinen Tempel!

(Alle drei langsam ab.)

Deutscher Michel.

Ja, thut's! Bei uns in Deutschland,
Da brauchen wir euch nicht —
Wir bringen selbst zusammen:
Ein ehrlich Festgedicht —
Und unsere Festjungfrauen
Mit Rosmarin im Haar
Sind besser anzuschauen
Als solch ein Mumienpaar!

(zu Bua und Diandl.)

Kommt, singt uns jetzt, ihr beiden,
Die Schnadahüpfeln vor —
Hell, wie auf Bergesschneiden
Kling' unser Jubelchor!

(Die beiden treten mit ihren Zithern vor und singen im Wechselgesang nach einfacher „Schnadahüpfel=Melodie" mit Zitheraccorden. Im Hintergrunde gruppiren sich die anderen, der deutsche Michel in der Mitte.)

Bua.

Holderijoho!

(zur Braut).

Grüaß di Gott, Diandl
Und aa dein Bua!

Zur Hochzeit da kimm i
Jetzt aa no dazua.
I wünsch' dir ja alles,
Was d' nur grad magst,
Und daß zeitlebens
Mit dei'm Bua'm di' vertragst.
Denn d' Liab is a Vogerl,
Singt gar schön im Haus,
Und gibst net drauf Obacht,
Na fliagt's dir halt 'naus!

Diandl.

Die Manderln san Schliffel,
Die red'n sich glei' ein,
Sie san halt und bleib'n halt
Die G'scheidern! — O mein!
Und wird gar der Schmarrn nix,
Weil 's Feuer nix taugt,
Na' san's glei' so grandi',
Und wild wird drein g'schaugt!

Bua (zur Braut).

O Diandl, arms Diandl,
Und brummt aa der Bua,
So bring eahm a Ziehgarn,
Na gibt er a Ruah!

Diandl (zum Bräutigam).

Dös Diandl, dös g'schmache,
Für immer g'hört's dein,
Drum soll's auch für immer
Dein Herzkäferl sein.

Der Herrgott hat g'schaff'n
(Dös waar dir fei' schlau!)
Dem Schlankel, dem Adam,
An oanzige Frau,
An oanziges Everl
Und oan Paradies —
Dös ham's fei verschnackelt,
Ja, dös is scho' g'wiß!

Bua.

Geh weita! — A jung's Paarl
Kriagt leicht in der Welt
A neu's Paradiesl —
Sunst freili' waar's g'fehlt!

(zum Bräutigam.)

Oes werdet's scho' finden,
Du und dein Bua —
Steckt's Schlüsserl ins Herzerl,
Daß 's Thürl bleibt zua!

Bua und Diandl zusammen (Chor fällt in den Jobler ein).

B'hüat Gott Enk im Leben,
Viel Glück zu der Eh'!
Jetzt gebt's Enk a Busserl —
Holderijoho — Juchhe!

(Vorhang fällt.)

Polterabendfestspiel.

Polterabendfestspiel zu einer Hochzeit, von Kindern oder Kindern und Erwachsenen aufzuführen.

Personen.

Zigeunerin	. . . . .	15, 16 Jahre alt oder älter.
Eine gute Fee	. . . .	15 „ „ „
Riese	. . . .	14 „ „ „
Heinzelmännchen	. . . .	8 — 10 „ „ „
Ein Elf	. . . . . .	8 — 10 „ „ „
Humor	. . . .	6 — 8 „ „ „

Wo thunlich, wäre der Chor aus Schumanns Zigeunerleben im Kostüm eine gute Einleitung. Eine Zigeunerin bliebe zurück.

Zigeunerin (geheimnisvoll).

Gerufen bin ich, das Schicksal zu sagen
Von Zweien, die in die Ehe sich wagen.
In Kohlen und Theesatz, in Karten und Stern
Hab' ich gelesen das Wesen der Herrn.
Auch hab' ich der Frauen Natur erkannt
Als Backfisch und Dame in jeglichem Land;
Doch weil ich noch immer nicht alles ergründet,
Drum hab' ich mit euch mich weislich verbündet —
Gebet dem Brautpaar nützliche Lehr',
Bringet Musik und Geschenke daher!

Fee.

Gern sind wir bereit, doch sage zuerst,
Was von Menschenkenntnis du ihnen lehrst!

Riese.

Mach aber schnell, o braune Maja —
Ich muß zurück zum Himalaya.

Heinzelmännchen.

Trippeli-trapp
Muß wieder hinab
In der Küche Schoß,
Schaffen drauf los.

Elf (läutet sein silbernes Glöckchen).

Was seid ihr doch so ungestüm!
Der Riese ist ein Ungetüm —

Ich sag' nach Elfensitte
Zu den Zigeunern: Bitte!

Zigeunerin (tritt in den Vordergrund).

So hört meine Sprüche
Aus der Weisheit Küche: —

Wenn Männer sich denken,
Daß Frauen verschenken
Den eigenen Willen
Bei Heirat und Eh' —
So schlucken sie Pillen
Und thuen sich weh.

Wenn Frauen vermeinen,
Durch Schmollen und Weinen
Regieren sie sicher
Dem Hause zum Wohl —
So hört das Gekicher
Von Pol zu Pol!

Es ändern die Menschen
Nicht ihre Natur,
Gepaart oder einzeln —
Das merkt euch nur!

Fee.

Innerstem Wollen
Soll keiner entsagen,
Die Eigenheiten
Mit Klugheit tragen.
Laß eig'nes Wesen
Im Sand nicht verrinnen —
Durch Gegensätze
Beide gewinnen!

Riese.

Das weiß ich, die Meine
Kommt von den Bergen,
Ich stamm' von den Riesen
Und sie von den Zwergen.
Bin ich zu heftig,
Sagt sie kein Wort,
Bin ich verdrossen,
Lacht sie mir's fort.

Zigeunerin.

Die Männer versprechen die Sterne,
Die Bilder der kühnsten Ferne
Dem Bräutchen in Liebesloh' —
(räuspert sich).
Doch kommen nach wenigen Tagen
Geschäftliche Sorgen und Plagen,
Praxis, Fabrik und Bureau.
Sie haben's gewußt und haben gedacht:
Andre haben's auch so gemacht!
Die angebeteten Bräute
Stehn vor dem nüchternen Heute,
Gebunden durch heiligen Schwur.
Vorbei ist das Plaudern und Kosen —
Beim Morgengruße der Rosen
Hält er die Hand auf die Uhr.
Der Kuß ist flüchtig — schwer ist die Brust,
„Ach," denkt sie, „hätt' ich alles gewußt!"

Riese.

Hör auf, bist du besessen?
Hast du die zwei vergessen?
Sie werden noch entlobt,
Eh' du dich ausgetobt!

Zigeunerin (zuckt die Achseln und weist auf die Fee).

Sie weist auf ideale Sterne —
Ich halt' des Lebens Hauslaterne!

Fee (zum Heinzelmännchen).

Laß die Hand von deinem Pfännchen,
Antwort du ihr, Heinzelmännchen,
Weil du als der Haushaltsgeist
Alles doch am besten weißt!

Heinzelmännchen (stellt die Pfanne fort, die er eben gescheuert hat, tritt vor neben die Zigeunerin).

Wohl seufzet das Frauchen, doch denkt es sich dann:
's ist doch mein guter, geliebtester Mann!
Für mich muß er schaffen und eilen,
Sich mühen, sparen und teilen.
Ich wink' ihr verstohlen von meinem Versteck,
Und lehr' ihr des Haushalts praktischen Zweck.

    Löffel und Töpfe
    Und Tassenköpfe,
    Schüsseln und Pfannen,
    Teller und Wannen,
    Seiher und Fässer,
    Gabeln und Messer.
    Der Lebensmittel
    Wichtig Kapitel,
    Das Kochen der Speise,
    Des Linnens Weiße,
    Des Tisches Decken
    (Wie wird's ihm schmecken!) —
    Sie hat keine Zeit
    Zur Einsamkeit.

Elf.

Wenn's Tagwerk beschlossen,
So halt' ich ergossen
Des Glücks Sonnenschein
Ueber den Zwein.
Musik soll erklingen,
Scherzen und Singen!
In des eigenen Heims
Geheiligtem Wall
Hält er sein Weibchen,
Sein Eigen, sein All!

Zigeunerin.

Leider muß ich wieder geben
Diesem schönen Bild den Schub,
Denn du hast die Kneip' vergessen,
Die Vereine und den Klub.
Während die Philister schwärmen,
Muß sie sich zu Hause härmen.

Heinzelmännchen.

Ach, das sind ja Firlefänzchen,
Zank doch nicht in einem Zug!
S i e hat auch ihr Damenkränzchen,
Das Theater, den Besuch!

Fee.

Jungbrunnen ist der Austausch,
Des Wissens reger Verkehr,
Und was dem Manne Erfrischung,
Sie mache es ihm nicht schwer.
Es klopft mit mahnendem Uhrschlag
Sein liebendes Herz und spricht:

Daheim, da wartet die Liebste
Zu lange warte sie nicht!

Zigeunerin (schlägt das Tambourin).

Bravissimo! Bekennen
Will ich mein Maskenspiel:
Nicht Liebende zu trennen —
Zu warnen war mein Ziel.
Denn selbstgeschaff'ne Kränkung,
Gefühles Ueberschwang,
Hat oft des Glückes Lenkung
Durchkreuzet lebenslang!

Riese (gähnt laut).

Mich haben die Lehren
Ganz riesig genirt,
Es glaubt sie doch keiner,
Der's selbst nicht probirt.
Solche Verhandlung
Pikanter sich spinnt,
Wenn 'mal Gardinen-
Predigt beginnt.

Elf (läutet und tritt vor).

Herold bin ich,
Rufe laut:
Bringt die Gaben,
Grüßt die Braut!

Fee (zur Braut, gibt ihr Myrtenkranz und Schleier).

Nimm den Myrtenkranz und Schleier,
Sinnbild deines Lebens sei er —

In des Alltags schlichtem Grün
Wird der Liebe Myrte blühn —
Wie des Schleiers duft'ge Falten
Dich von uns entfernet halten,
Dir verleihend neue Zier —
So auch leise wie Gedanken
Zieht die Ehe ihre Schranken
Zwischen Welt und zwischen dir.

Heinzelmännchen (mit Kochbuch und großer Kupfermünze).

 Dir bring' ich das Kochbuch,
 Hab's weit hergeschleppt —
 Es stärket die Lieb'
 Ein pikantes Rezept.

 Sparpfennig daneben,
 Hab gut darauf acht,
 's hat manche draus einen
 Heckpfennig gemacht.

Elf (mit Staffelei, Rosen, Zither und Guitarre).

 Saitenspiel schenk' ich
 Und Staffelei;
 Dein Haus den Künsten
 Geöffnet sei!

Zigeunerin.

Braune Maja hat nicht Güter,
Heimat hat sie nur bei Toten,
Doch Erfahrung hat sie bittend
Als Geschenk euch angeboten.
 Der Zigeunerin Segen
 Folg euch allerwegen.

Riese (schiebt einen großen Korb in den Vordergrund).

Heinzelmännchen.

Seh 'mal einer diesen Flegel!
Paßt er denn zu uns daher?
Einen Korb kann's manchmal geben,
Doch am Hochzeitstag nicht mehr.

Riese.

Den Korb, den werdet ihr nimmermehr los:
Ein Riese gibt immer nur riesengroß.

(Er deckt den Korb ab und der Humor springt heraus mit Knallbonbons, Narrenkappe, ein bekränztes Barometer in der Hand. — Alle stehen im Halbkreis um ihn.)

Humor.

Juchheissa, hervor!
Ich bin der Humor.
Will's gleich nur gestehn:

(zum Brautpaar.)

Mit euch will ich gehn.
Eß mit auf der Hochzeit,
Bin stets in der Näh',
Sprech' mit alle Toaste,
Steig' mit ins Coupé,
Schlüpfe dann schnell
Mit euch ins Hotel,
Bleib unbestochen
In Flitterwochen,
Beim häuslichen Kriege,
Beim Schankeln der Wiege.
Wo immer es sei,
Ich bleibe dabei.

(Deutet auf das Barometer.)

Hier hab' ich das Pfand
Des Glücks in der Hand.
Das Ehebarometer
(Sehr wichtig ist's für später!)
Steht jetzt auf „wolkenklar",
Auf „unveränderbar". —
Drum feuert der Frösche prasselnden Schuß,
Entkorkt den Champagner zu feurigem Fluß,
Im Namen des Brautpaars sag' ich zum Schluß:
„Ich lade euch alle — seid nur verwundert —
Zur silbernen Hochzeit im nächsten Jahrhundert."

(Vorhang fällt.)

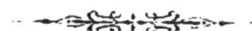

Indianerfestspiel
zu einem Künstler-Polterabend.

Auf einer Bühne oder im Freien.

Scenerie: Tannenzweige, offenes Feuer, Baumstümpfe.

Bekleidung: Wollendecken, Lederhosen, Federschmuck, Kriegsfarben, Köcher mit Pfeilen.

Personen.

Chingachgook, der Jüngere.	Der tapfere Waschbär.
Unkas, der Jüngere.	Der unbesiegte Rabe.
Lederstrumpf, der Jüngere.	Drei Squaws.
Die große Klapperschlange.	Die Kunst als Person gedacht.

Zeit der Handlung: Gegenwart.

(Große Stille, worauf die „große Klapperschlange" Chingachgook's Ohr berührt.)

Chingachgook.
Große Klapperschlange, sprich!

Große Klapperschlange.
Wigwams sind schon abgebrochen,
Büffel fort bis auf die Knochen,
Festgeschnürt mein Moccasin — *)
Chingachgook, wo geht es hin?

Unkas.
Zum Kriegstanz fertig,
Der Sioux gewärtig,
Ja, allezeit
Zum Kampf bereit!

Indianer.
ei —   —   — ei — ī — ă u. s. w.

Chingachgook.
Heulet leiser, Delawaren!
Bringen möcht's euch in Gefahren,
Mit dem Kultivirgehetz
Kam das Rothaut-Strafgesetz.

---

*) Moccasin = Indianerschuh aus Hirschleder, mit getrockneten Tierdärmen zusammengeschnürt.

Freiheit blieb uns nur in Brocken,
Freiheit nur auf der Prärie —
Alte Zeit der Chingachgooken
Kehrt uns Mohikanern nie!
Tapfrer Waschbär, alter Vetter,
Rück dem Feuerherde nah —
Friedenspfeife, Weidenblätter,
Gut gedörrt, bring uns die Squaw! *)

(Die Squaws reichen das Feuerzeug herum und ziehen sich dann wieder in den Hintergrund zurück.)

Ob zur Jagd — zum Kriegespfad,
Laßt bestimmen uns im Rat!

Indianer.

ei — i — ă — ei — i — ă u. s. w.

Tapferer Waschbär.

Schleichend kommt vom Huronensee
Verdächtig herüber der Dacoteeh —
Eulengeschrei klagt an der Furt,
Steckt das Messer in euren Gurt!
Eulenantwort aus dem Verhack —
Arbeit gibt's für den Tomahawk!

Der unbesiegte Rabe.

Zweige sah ich abgeknickt,
Blätter fielen auf den Stumpf —
Wie zur Stunde hergeschickt
Seht den jungen Lederstrumpf!

(Lederstrumpf nähert sich langsam.)

*) Squaw = Indianerweib.

Unkas.
Hugh! — Hugh! —

Große Klapperschlange.
Wir haben vergiftete Pfeile,
Wir haben Pulver zu Hauf,
Und Klugheit heißt jetzt Eile —
Brecht auf darum, brecht auf!

Chingachgook.
Hört zuerst den Pfadesfinder,
Krieger seid ihr — keine Kinder!
(Zu Lederstrumpf.)
Ruhmvoll war dein Trappervater —
Sei willkommen als Berater!

Unkas.
Alte Hunde, alte Katzen
Mögen kauern auf Matratzen —
Aber hart sind u n s r e Leiber,
Fürchten Marter nicht und Pfahl.
(Sieht scharf nach einer Richtung.)
Schützt die Papoose*) und die Weiber —
Sioux kommen in das Thal!

Lederstrumpf.
Die Sioux sind auf dem Kriegspfad nicht —
Mit ihnen reitet ein Blaßgesicht.
Und weil in Reservation
Gering der Otter- und Biberlohn,

---

*) Papoose = kleines Indianerkind.

Sie nehmen es mit gar schlau und still
Nach England hinüber zum Buffalo Bill,
Kriegen dort Geld und Fleisch und Fisch,
Sitzen wohl gar an der Königin Tisch.

Große Klapperschlange.

Hugh! — wir packen ein die Habe,
Segeln auf der hohen See —
Waschbär, unbesiegter Rabe,
Chingachgook, was meint ihr — he?

Der unbesiegte Rabe.

Sollen wir ins Kanoe schaffen
Wampumgürtel,*) Pfeile, Waffen?

Chingachgook.

Nicht schützet uns der große Geist
Manitu in weiter Ferne —
Fremde Augen wachen nachts,
Am Himmel fremde Sterne!

Indianer.

Hei — au — ha — hei — au — ha u. s. w.

Lederstrumpf.

Hört an und folgt mir, Krieger,
Ich weiß ein beßres Ziel,
Ich führ' euch übers Wasser
Zum Polterabendspiel.
Der Bräutigam ist ein Maler,
Er tättowirt euch mir,

---

*) Wampumgürtel = ein mit indianischen Geldstücken (Wampum) ringsum behangener Gürtel.

Ritzt ein in eure Arme
Schrift, Landschaft oder Tier!
Zwar malt er sonst auf Leinwand,
Holz oder Porzellan,
Doch nimmt er auf Indianerhaut
Bestellungen auch an.

Alle Indianer.

Chu — Chu!
Zum Hinterwald, zum Hinterwald
Schick uns den Bräutigam,
Wir brauchen ihn, wir nehmen ihn
In unsern roten Stamm!

Die Squaws schüren das Feuer, holen Reisig u. s. w., dann setzen sie sich nieder und flechten an ihren Matten.)

Lederstrumpf.

Fürwahr, die größte Ehre! —
Doch überlegt's euch nur,
Er weiß noch nicht zu schätzen
Indianer-Professur!
Er kämpft ja nicht um Skalpe,
Es macht kein Sioux ihm bang,
Heißt Konkurrenz die Feindin,
Plain — air sein Schlachtgesang!

Alle Indianer.

ei — i — ă — ei — i — ă u. s. w.

Lederstrumpf (fortfahrend).

'ne Zauberin, die schützet
Und stärkt ihn, wo sie kann, —
Kunst heißt sie und ein Künstler,
Der ihre Gunst gewann!

Noch könnt ihr's nicht verstehen,
Drum seht's von Angesicht,
Zum Künstler laßt uns gehen,
Kommt, folget mir!

Chingachgook.

Ich nicht! —
Mich lockt kein Tättowiren,
Nicht mag ich drum verlieren
Die Jagd und Watawa —
Bleib' meinem Wigwam nah!

Lederstrumpf.

Die Watawa soll ziehen
Mit dir ins deutsche Land,
Dem jungen Paar verkünden,
Wie stark der Liebe Band!
Das Bräutchen ist bescheiden,
'ne wunderliche Squaw —
Zur Ehrendame läd sie
Heut deine Watawa!
Wie leuchten ihre Augen,
Wie lacht ihr roter Mund!
Kommt mit! — Begrüßt sie alle,
Ihr Squaws, zu rechter Stund'!

(Die Squaws holen ihre Matten oder Binsenvorhänge mit bunten Glasperlen hervor und breiten sie aus.)

Squaws.

Wir schenken die Matten
Vors bräutliche Zelt
Und wünschen den Gatten
Viel Heil auf der Welt.

Was still wir geflochten,
Es dämpft nur das Licht,
Doch wehrt es der Sonne
Des Glückes nicht.

Nicht ziemt's uns, zu wandern
Mit Kriegern ins Land —
Der Fuß ist gebunden
Und dienstbar die Hand.

Chingachgook (springt auf).

Das Messer verrostet,
Wird's nie gezückt,
Die Flamme erlischt, wenn
Das Holz sie drückt.
Nie finde ich Ehre
Ohn' Skalpgelock,
Gebückt nur schleichend
Am Wanderstock!

Der tapfere Waschbär.

Dir, Lederstrumpf, dir wünsch' ich Glück —
Ich bleib' mit Chingachgook zurück!

Unkas und große Klapperschlange.

Wir folgen dir treulich,
Wie Schatten dem Licht —
Der Krieger verläßt seinen Häuptling nicht!

(Sie sondern sich in Gruppen.)

Unbesiegter Rabe (spottend).

Raben fliegen in der Regel
Einzeln nicht, — im ganzen Schwarm!

Westwind wünsch' ich deinem Segel,
Deinem Ruder starken Arm! —

Lederstrumpf (grimmig).

O schmähliches Verlassen!
Fürwahr, ich könnt' ihn hassen,
Den ganzen roten Stamm!
Kennt nichts wie Kriegesfarben,
Hahnfederschmuck und Narben,
Whisky und Feuerschwamm! —

(zu den Indianern, die drohend murren.)

Daß euch der Kuckuck hole!
Daß euch des Weißen Sohle
Zum Weiterzug verdamm'! —

(Indianer schießen Pfeile, rennen gegen ihn, greifen und wollen ihn binden.)

Die Kunst (erscheint, trennt die Kämpfenden und spricht).

O, zürne nicht den Wilden!
Der Heimatliebe Macht
Ist ja die schönste Farbe
In ihrer Kriegertracht, —

Die Farbe, die mich leitet
Auf wilder Schönheit Spur,
Daß ich auch hier erkenne
Den Pinsel der Natur!

Der hat Natur verstanden,
Der sich der Kunst geweiht —
So war's bei allen Völkern,
So war's zu jeder Zeit.

So ist's in dieser Stunde,
Wo sich im fernen West

Indianer schon bekümmern
Um deutsches Künstlerfest.

Was ihr im Grund doch wünschet,
O, ruft es alle laut —
Laßt meinen Maler leben
Und seine Malersbraut!

Alle Indianer.
Hugh! Hugh! Hugh!
(Vorhang fällt.)

Festspiel
zu einer silbernen Hochzeit.

Scenerie: Blattpflanzen-Hintergrund, bunte Laternen.

Personen.

Frau Sonne (in rosa Gazedraperie, eine Sonnenscheibe mit Strahlenzacken aus Metall oder vergoldetem Pappendeckel auf dem Haupte).

Herr Mond (in silberner Rüstung, den Halbmond auf dem Helm, Halbmonde an den Schultern).

Die Chronik (als alte Frau gekleidet, mit weißer Perücke und Häubchen).

Zwei Kobolde (mit Schellenkappen und goldenen Flügeln in hellen Anzügen mit Schärpen).

Der Genius der Liebe (in griechischem Gewand, Rosen im Gürtel).

Frau Sonne.

Bin seelenvergnügt, daß mir alles geglückt,
Bin fertig! — hab' Himmel und Erde geschmückt:
Der Wolkentöchter leichtes Gewand
Im Flug gesäumt mit goldenem Band,
Den großen Festsaal geheizt und geputzt
Und glänzend polirt, was schon abgenutzt! —
Da kommt auch der Mond, so schnell er nur kann —
Willkommen, willkommen, mein lieber Mann!

Herr Mond.

Ei, Sonne, lieb' Frauchen, was hast du denn vor,
So festlich gehüllt in rosigen Flor?

Frau Sonne (feierlich).

Du weißt, wir sind das urälteste Paar,
Das jemals in Liebe verbunden war,
Zwei Wesen, die treu miteinander gehn,
Wenn's auch die Menschen im Nebel nicht sehn!
Entsinnst du dich, Mond, daß wir einmal entzweit
In unserer Ehe langprüfender Zeit?

Herr Mond.

Wenn je Verstimmung die Eintracht zerriß,
So war es nur flüchtige Finsternis. —

Frau Sonne (triumphirend).

Drum sind wir auch zum Lohne
Für alle Menschenzeit
Der Ehe Schutzpatrone,
Sind immer festbereit!
Und heute gilt's zu feiern
Ein ganz besondres Paar —
Verbunden ist's in Treue —
Denk! — fünfundzwanzig Jahr'!

Herr Mond.

Wie mir Verdruß bereitet
Dein unbedachter Schritt! —
Mir sind diese Feste verleidet, —
(sie zupft ihn begütigend am Aermel.)
Nein, nein! — ich thu' nicht mit!

Frau Sonne.

Was ändert so plötzlich deinen Sinn?
Gesteh's! — da steckt ein Splitter drin!

Herr Mond.

Ich stand frühtags am Himmelsthor,
Da füllte Menschenspott mein Ohr:
„Ei, seht 'mal, wie er thront,
Der Mann — der Mann im Mond!
Fürwahr, des Ehemanns Symbol:
Im Hintergrund, da steht er wohl
Als blasse Null im Wolkenblau
Nur als Trabant von seiner Frau!" —

Frau Sonne.

Die Spötter laß gehen! —
Ein Blinder kann sehen,

Wie weise und wichtig
Dein Einfluß, wie richtig:
Daß Ebbe und Flut
In deiner Hand ruht —
Daß Stürme sich legen
In deinen Gehegen —
Daß, wo du auch wandelst,
In Klarheit du handelst,
Ein Muster den Männern
Und Ehestandskennern!

Herr Mond.

Ich hör' dich mit Wonne,
Mein Weib, meine Sonne!
Du selbst bist zu schauen
Ein Vorbild den Frauen,
So leuchtend und rein —
Das Beste ist dein!

Frau Sonne.

Und ist dir der Segen
Der Liebe bewußt,
So sei nicht entgegen
Dem Fest ihrer Lust!
Erfährst du die Namen,
Du freust dich fürwahr!
Den N. N. gilt es,
Dem würdigen Paar!

Herr Mond.

Ich freu' mich — ich freue
Mich über ihr Glück!

Sie sehn ohne Reue
Aufs Leben zurück,

Und sehn in das Leben
Der Zukunft hinein,
Getrost und ergeben,
Wie's immer mag sein!

Frau Sonne.

So darf ich die lieben Gäste
Doch laden zu Sang und Klang?

Herr Mond.

Du darfst es! — Vergiß nicht die Beste,
Die Chronik! — die kennt sie schon lang!

Frau Sonne.

Kobolde ruf' ich
Neckisch und schlau —

Herr Mond.

Thu's, meine weise,
Erleuchtete Frau!

Frau Sonne.

Noch Einen gibt's, der heut nicht ferne bliebe —
Ich rufe ihn, den Genius der Liebe!

(Beide nach verschiedenen Richtungen ab. Gleich darauf schlüpfen die Kobolde auf die Bühne, gefolgt von der Chronik.)

Beide Kobolde.

Frau Sonne hat uns geladen,
Nun wird erst die Gute geneckt!
Wir hatten uns längst mit der Chronik
Dort hinter dem Vorhang versteckt!

Die Chronik (knixt; zu den Kobolden).
Pst! Seid manierlich heute,
Begrüßt die Hochzeitsleute!
Sie stehn auf der Höhe des Lebens —
Man sieht's nicht oft, gebt acht! —
Begrüßt auch die Töchter und Söhne
In blühender Jugendpracht!

Erster Kobold.
Vor einem Vierteljahrhundert
(Wie ändert sich alles, schau, schau!)
Da waren die Töchter und Söhne
Noch Kinder im Himmelsblau.

Zweiter Kobold.
Sie saßen wie unflügge Spatzen
In Vater Abrahams Schoß,
Sie sahn auf die Erde herunter
Und piepsten: „Was ist da los?"

Denn sieh, unter Glockenklängen
(Die Kinderchen spitzten das Ohr)
Und weihevollen Gesängen
Ein Brautpaar schritt durch das Thor!

Erster Kobold.
Es musterte auch Sankt Peter
Den Bräutigam und die Maid —
Und über die heiligen Runzeln
Da flog ein Schatten von Neid.

Er sprach: „Wie schön ist, wie stattlich,
Wie minnig das junge Paar,
Sie mit den goldenen Locken
Und Er mit dem dunklen Haar!

Als wüßt er, zu welcher Feier
Die Kirche mit Zweigen belaubt,
So vornehm sitzt der Cylinder
Auf seinem erhobenen Haupt!

Und Sie! — Wo hab' ich auf Erden
Solch reizendes Bräutchen gesehn?
Mein Herz kam nie in Versuchung —
Fast wollt' ich, es wäre geschehn!"

Zweiter Kobold.

Da piepsten dazwischen die Kinder,
Sie piepsten es vogelhell:
„Die möchten wir gerne zu Eltern!
Laß uns hinunter 'mal schnell!"

Ernst klang des Abraham Mahnen:
„Nur sachte, Kinderchen, sacht,
Sie würden sicher erschrecken,
Kämt ihr zu fünft oder acht! —

Wer sollte die Fläschchen euch geben?
Wer zöge die Schlapperchen aus?
Hübsch einer drum nach dem andern!
Der —* (oder die —*, folgt Name des ältesten Kindes.) gehe voraus!"

Beide Kobolde.

Da war es vorbei mit dem Wählen —
Die Chronik soll weiter erzählen!

Die Chronik.

Sie sind nacheinander gekommen,
Ich weiß es ja noch so gut,
Wie jedes Kind ihr umfangen
In treuester Elternhut, —

Wie sorgsam in weiche Kissen
Ihr jedes von ihnen gesteckt,
Und wie ihr die Aehnlichkeiten
Am ersten Tag schon entdeckt:
Die Augen von seinem Mamachen,
Den Mund von seinem Papa,
Das Näschen von Tante —*
Von —* die Fingerchen da!

Beide Kobolde.

Doch späterhin, in den Jahren,
Wo Unart Bahnen sich bricht,
Da spracht ihr beide voll Würde:
„Von mir da haben sie's nicht!"

Die Chronik.

In frohen und schmerzlichen Tagen
Treu habt ihr die Kinder bewacht,
Habt mitgespielt und — ich sah es! —
Selbst Hausaufgaben gemacht!

Kam Krankheit hämisch geschlichen,
War Mutter die helfende Fee:
Sie hielt die fiebernden Händchen —
Da that's schon nicht mehr so weh.

Die frohen Tage, sie kehrten
Zurück mit verjüngendem Geist —
Das Leben, ihr habt es genossen,
Habt Land und Berge bereist!

Erster Kobold.

Doch von jeder Poststation
Klang nach Haus der Mutter Ton:

„Hüt' das Feuer und das Licht,
Daß kein Unglück nicht geschicht!"
„Kinder, tragt die woll'nen Socken,
Hütet euch vor Masern, Pocken,
Lauft erhitzt nicht in den Zug,
Uebt Klavier, und zwar genug!"

Zweiter Kobold.

Und dann zählt sie alles her,
Was ihr nachzuschicken wär'.
„Schreibt sofort!" so heißt's am Schluß
Im postscriptum mit dem Kuß.
Alles steht drin, was sie quält,
Die Adresse nur — die fehlt!

Die Chronik (mit Drohfinger gegen die Kobolde).

Die Jugendjahre, sie schwanden,
Des Vaters Haar ist ergraut,
Doch hat er in seinem Berufe
Ein Denkmal der Arbeit gebaut! —

(zum Silberbrautpaar.)

Gott schütze und woll' euch erhalten
Den Frieden zu jeglicher Stund! —

(überreicht ihm ein Album, welches die Photographien sämtlicher Familienmitglieder in verschiedenem Lebensalter enthält.)

Empfangt aus den Händen der Alten
Der Chronik köstlichen Fund:
Es soll die Vergangenheit schildern
Und Gegenwart, die euch bewegt,
Das Bild eures Lebens — aus Bildern
Der Kinder und Enkel geprägt! —

(Rotes bengalisches Licht flammt auf.)

Erster Kobold.

Welch rosiges Leuchten,
Welch himmlischer Schein!

Zweiter Kobold.

Komm, laß uns verstecken,
Flink, flink, dort hinein!

(Kobolde ab.)
Der Genius der Liebe erscheint mit Silberkranz und Silberpokal.)

Die Chronik (sieht auf, beschattet das Auge).

O seliges Wunder der seligsten Stund' —
Der Liebe Genius segnet den Bund!

(Sie tritt zurück, bleibt aber auf der Bühne.)

Genius der Liebe.

Willkommen, wie vor fünfundzwanzig Jahren,
Da ihr — in Leid und Leben unerfahren —
Euch jung gefreit!
Nie habt ihr kalt von mir euch abgewendet,
Wenn Rat ich euch und Freundeswort gespendet
Und treu Geleit!

Grün war die Myrte, frisch wie die Gedanken,
Bis welkend ihre zarten Blüten sanken
Aufs Brautkleid hin.
Doch dieses Kranzes Silberknospen sagen,
Daß ihr erfüllt das Wort aus jenen Tagen
Im besten Sinn!

(zur Braut.)

Sieh, wie die hellen Blättchen sich verneigen,
Als wäre jedes ein Erinnerungszeichen
An reines Glück,

An deine Liebeswerke all, die frommen,
Die nun zum Fest in Silberranken kommen
Auf dich zurück!
    (gibt der Silberbraut den Kranz.)
Laß mich dich schmücken wie in jenen Stunden,
Als ich vor Jahren dich als Braut gefunden
So hold — so schlicht!
Wohl schwand der Jugend Zauberschmelz und Wonne,
Doch folgt der Abendstern der hellen Sonne
Mit milder'm Licht!
O, schöner ist's, die Dämm'rung zu erhellen,
In der die Liebsten traulich sich gesellen
Zur Heimatruh',
Als über alle strahlend sich zu heben!
O, schön ist's, Stern zu sein fürs ganze Leben,
Leitstern wie du! —
   (zum Bräutigam, dem sie einen silbernen Pokal überreicht.)
Den silberklaren Becher laß mich spenden!
Wie der Pokal, so ruht in deinen Händen
In weiser Macht
Der Deinen Glück! — Sporn bist du ihres Strebens,
Bist Stütze ihnen in dem Kampf des Lebens
Und Heimatwacht!
Es ist kein Ton im All ohn' Echotöne,
So auch kein Glück, das nicht dein Weib verschöne
Mit treuem Blick! —
    (streut dem Brautpaar Rosen.)
Wie diese Rosen folg' euch reicher Segen!
Schaut froh dem gold'nen Hochzeitsfest entgegen —
Gott lenkt 's Geschick!
    (Vorhang fällt.)

Ein Geburtstagsfestspiel.

Perfonen.

Burggeift mit Kutte	15 Jahre oder älter.
Klara	11 Jahre oder jünger.
Fritz	9 „ „ „
Tony	7 „ „ „
Max	5 „ „ „

(Namen selbstverständlich je nach den Umständen zu ändern. Verdunkeltes Zimmer. Die Spielenden tragen über ihren Kleidchen weiße, lange Nachtkleider und weiße Nachtmützchen).

(Alle vier treten eins nach dem andern ins Zimmer, von Klara geführt. Klara bläst ihre kleine Laterne aus.)

Klara.

Huh, wie ist's so dunkel,
Gebt jetzt alle acht —
Bald wird's zwölf Uhr schlagen,
Dann ist's Mitternacht.
Dreimal werd' ich drehen
Meinen Ring von Gold,
Kommen wird der Burggeist,
Und er ist uns hold.

Max (wischt sich mit einem Taschentuch übers Gesichtchen).

Thu's lieber nicht,
Weil man nicht weiß,
Was daraus wird —
Mir ist ganz heiß!

Fritz.

Geh! du hast keine Schneid',
Steck dich in ein Mädelkleid! —

Tony.

Will der Burggeist uns was thun,
Schrei ich einen lauten Schrei,
Und Papa mit seinem Stock
Kommt im Augenblick herbei.

Klara.

Wenn er jetzt käme
Und fragte uns aus,
Was wir denn wollen,
Wohin und wo aus? —
Werden wir sagen:
Geburtstag ist nah,
Möchten Geschenke
Für unsre Mama! —

Tony.

Ich wünsch' für die Mutter
Einen seidenen Rock.

Fritz.

Nein, Pferde und Wagen
Und mich selbst auf den Bock.

Tony.

Zweitens noch möcht' ich
Gold'nes Porz'llan,
Dann brechen die Henkel
Nicht immer daran.

Max.

Mutter hat Geschirr genug,
Ich wünsche ihr ein Bilderbuch.

Fritz.

Besseres weiß ich,
Warte du nur,
Kette und Ringe,
Goldene Uhr;

Schlößchen mit Garten
Und Weiher und Schwan,
Schiffchen und Boote
Mit Segel daran.

Klara.

Hört einmal den Nimmersatt,
Was der all' zu wünschen hat!
Hätt' der Burggeist es vernommen,
Würd' er gar nicht zu uns kommen;
Doch ich hoff', daß es geling',
Zwölf Uhr ist's — ich dreh' den Ring!

(Sie dreht den Ring dreimal am Finger — es schlägt zwölf Uhr —
bengalisches Licht — der Burggeist erscheint.)

Burggeist.

Ich erschien auf euer Wort
Aus des Felsspalts düstrem Ort,
Mitternacht ist meine Stund';
Thut mir eure Wünsche kund!
Braven Kindern helf' ich gern,
Bösen aber bleib' ich fern.

(Max versteckt sich hinter Klara.)

Tony.

Du, mir ist bange,
Daß er mich fange.

Klara.

O, mir klebt die Zunge —
Wär' ich nur ein Junge! —

Fritz (zu Klara).

Bitte nur! es war dein Plan.
Mich geht's ganz und gar nichts an.

Klara (macht einen Knix vor dem Burggeist — erst zögernd, dann lauter und sicherer).

Lieber Burggeist, unsre Mutter
Hat Geburtstag morgen früh,
Um ihn wunderschön zu feiern,
Geben wir uns alle Müh';
Aber, weißt du — ganz wahrhaftig —
Unsre Sparbüchs ist gar leer —
Darum kommen wir, um Hilfe
Bittend, Guter, zu dir her!

Fritz.

Laß es dir gefallen;
Bitte, hilf uns allen!

Tony (zum Publikum).

O, wie voller Runzeln
Ist doch sein Gesicht;
Aber er kann schmunzeln
Und ich fürcht' mich nicht!

Klara.

Von des Berges Schätzen
Hat man uns gelehrt —

Max (näherkommend).

Gelt, du könntest kaufen
Jeden Tag ein Pferd?

Burggeist.

Es eilet die Stunde, kurz ist die Zeit,
Doch bin ich euch Kindern zu geben bereit.
(auf die Säcke im Hintergrund deutend).

Dort liegen die Schätze in Pack und in Sack,
Rubinen, Brillanten in reichstem Geschmack;
Grüne Smaragden — Edelgesteine,
Zwergengeschmeide, edle und feine;
Viel goldene Körner, nimmer gezählt,
Silber und Perlen — kommt nur und wählt!
(Alle laufen auf die Säcke zu.)

Fritz.
Gib mir deine Schürze,
Da geht mehr hinein.

Klara.
Soll ich Perlen nehmen
Oder Edelstein?

Burggeist.
Eh' ihr's berühret, hört, was ich denk':
Weiß noch ein beß'res Geburtstagsgeschenk!
Wollt ihr es wissen? soll ich's gestehn?

Klara.
O, sag! was ist es? dürfen wir's sehn?

Max.
Ist es lebendig?

Klara.
Sei doch verständig!

Fritz.
Ist 's groß oder klein?
Was kann es nur sein?

Burggeist.

Wohl glühen die Schätze in seltener Pracht,
Doch schöner sind Gaben, die selbst ihr gemacht;
Ich weiß, daß die Mutter vor allem erkürt,
Was ihr mit den fleißigen Händen vollführt!
Noch bleibt euch die Wahl — o, hebet die Hand!
Zeigt, daß ihr das Beste für euch erkannt!
Dann werden die Schätze zu Asche und Sand,
Und was ihr verliert, ist zehnfach Gewinn
An Kindesliebe und Kindessinn!

Alle Kinder.

Wir wollen es thun, wir heben die Hand,
Sie sollen vergehen zu Asche und Sand! —
(Ein Donnerschlag, die Schätze versinken.)

Burggeist.

Geschehen ist es — rühret euch schnell,
Händchen in Eifer und Aeuglein hell,
Zeige ein jeder am heutigen Tag,
Was er zu schaffen, zu geben vermag.
Und was ihr vollendet hurtig und frisch,
Legt's auf der Mutter Geburtstagstisch!

Fritz.

Alles kam so plötzlich,
Macht den Kopf mir voll —
Wüßt' ich nur in Eile,
Was ich schaffen soll!

Burggeist (gibt ihm Holz und Laubsäge).

Von kräftiger Eiche
Empfange den Ast,

Feinzähnige Säge
Zum Arbeiten paßt.

(Fritz thut, als ob er mit der Laubsäge arbeite. Er tauscht seine eigenen vorher gemachten Arbeiten für das Holz ein.)

Burggeist.

Uhrkästchen und Rahmen
Gebogen, gespitzt —
Wer weiß, was du alles
Am Ende noch schnitzst.

Klara.

Ich vergehe vor Begier —
Bitte, hilf und rate mir!

Burggeist.

Es weht mir der Wind in die Bergeskluft
Des Flachses goldig Gewinde —
Die Zwerglein spinnen in Wintersnacht
Linnen für Mütterleins Spinde.

(Gibt ihr Leinen — sie näht eifrig, dann bringt sie ihre eigene fertige Handarbeit darunter hervor.)

Burggeist.

Schneeflockweiß zeigt's den Fleiß,
Zieh den Faden rasch und leis,
Weich und fein — Stiche klein,
Hei, welch gutes Töchterlein!

(Max streckt sein Händchen aus, vom Burggeist nicht bemerkt.)

Tony.

Nähen macht mich gar so rapplig
Und an allen Fingern zapplig,
Wenn ich nur was andres wüßt' —
Daß ich das nicht thuen müßt!

Burggeist (gibt ihr Weiden. Tony macht eifrig die Bewegung des Flechtens und holt ihr fertiges Rähmchen hervor).

Diese Weiden schlank und seidig,
Wie die Wellen so geschmeidig —
Biege nach dem Willen frei,
Flechte sie zur Staffelei,
Und dein eig'nes Bildchen muß
Drin stehn als Geburtstagsgruß!

Max (weinerlich).

Alle haben was gemacht —,
Ich nur werde ausgelacht.

Burggeist.

Gib du einen Kuß Mama
Und die schönen Blumen da.
Hast sie selber abgepflückt,
Fest ins Händchen sie gedrückt —
Mutter nimmt sie und dich warm,
Bübchen, selber in den Arm!

Alle Kinder.

Jetzt haben wir alles,
Wie sind wir so froh!
Mächtiger Burggeist,
Wir danken dir so!

(Burggeist grüßt mit Winken der Hand und verschwindet. Zu gleicher Zeit werden Läden und Vorhänge geöffnet, daß es hell wird. — Die Kinder bauen auf dem gedeckten Tisch die Geschenke auf. Zur Mutter gewendet:)

Komm schnell, liebe Mutter,
Wir rufen dich laut,
Und sieh, was wir fröhlich
Dir aufgebaut!

Ein Maifestspiel.

Gudden, Familienfestspiele.

In Schulen oder im Freien aufzuführen. Schauplatz: freier Platz, großes Zelt, in dem ein Thron aufgeschlagen — (Kisten, mit rotem Stoff faltig bedeckt, können den Thron bilden, Tannenzweige im Hintergrund, Pflanzen ringsum).

Der Zeltvorhang wird erst zurückgeschlagen, wenn der Mai zur Krönung hereingeführt wird.

Personen.

Großmutter Zeit. Eine alte Frau mit Stab und weißer Perücke.

Ein Kaufmann.

Ein Schulmeister.

Ein Dichter.

Ein Soldat.

Januar. Alter Mann in weißem Pelze mit Kristallstaub.

Februar. Maske mit Schellenkappe und Peitsche, zweifarbigem Anzug.

März. Pilger mit Pilgerhut und langem Mantel.

April. Schulbub mit Ranzen und Schmetterlingsnetz.

Mai. Lockiges Mädchen mit Blumen geschmückt.

Juni. Rosenverkäuferin.

Juli. Schnitter in Hemdärmeln, mit Sense und Strohhut.

August. Tourist mit Botanisirbüchse und Bergstock.

September. Obstlerin in Bauerntracht, mit Körben voll Aepfel.

Oktober. Winzer mit Kufe voll Trauben.

November. Jäger mit Gewehr, Jagdhorn, Joppe und grünem Hut.

Dezember. Mädchen in schwarzem Gewand, mit goldenen Flügeln, ein Weihnachtsbäumchen in der Hand.

Zeit.

Luft muß ich schöpfen, wie ist mir so heiß!
Es perlt von der Stirne vor Sorge der Schweiß.
Ja, suchte man jetzt bis in Ewigkeit,
Man fänd' kein geplagter' Geschöpf wie die Zeit! —
Bald geh' ich zu schleichend, bald geh' ich zu schnell,
Es schimpfen wie Rohrspatz Herr und Gesell'.
Ach, wüßte die Welt meine Himmelsgeduld!
Denn, geht es verkehrt, sind die Monate schuld.
Die haben ja ew'gen Zank und Verdruß;
's weicht keiner vom Flecke, eh' er nicht muß,
's macht einer dem andern das Leben zu heiß
Oder verhagelt ihm alles mit Eis,
Macht es zu trocken, macht es zu naß,
Donnerwettert im grimmigen Haß.
Wären nicht sanft Dezember und Mai,
Ich liefe davon — daß Gott mir's verzeih'.
's muß anders werden — ich schreite zur That,
Doch hol' ich mir heimlich beim Menschen erst Rat.
(Hält die Hand über die Augen und schaut aus.)
Dort zeigt sich schon einer mit vielem Verstand,
Er hat ein schulmeisterlich Buch in der Hand,
Ein strammer Soldat geht mit ihm im Schritt,
Der Kaufmann zur Seite, er kommt fast nicht mit.
Der letzte von allen ist, glaub' ich, ein Dichter,
Die viere haben gescheidte Gesichter.
Ich will im Gleichnis mein Leiden erzählen,
Doch, daß ich die Zeit bin, werd' ich verhehlen.

Soldat.

He, altes Fränchen!
Was wollt Ihr, heraus!

Zeit.

O, helft mir, ihr Herrn!
Ich halt's nicht mehr aus.

Schulmeister.

Sagt Euer Dulden
Deutlich und klar!

Kaufmann.

Steckt Ihr in Schulden?

Dichter.

Nennt die Gefahr!

Zeit.

Ihr Herrn, ich hab' zwölf Enkel,
Ihr wißt nicht, was es heißt,
Wenn eins das andre immer
Wie Hund die Katze beißt.

Zu alt bin ich, zu schlagen
Mit prügelstarker Hand.
All meine guten Lehren
Verrinnen in den Sand.

Mir wurden weiß die Haare,
O, wisset ihr am End'
Die Ordnung herzustellen,
Ein sich'res Regiment?

Schulmeister.

Auch ohne das Prügeln
Kann ich sie zügeln,
Und sind sie wie Wölfe,
Bringt mir die Zwölfe!
Sie sollen zur Schule,
Gehorchen heißt's flugs,
Ich sorg', daß sich keines
Von ihnen mehr mucks.

Kaufmann.

Schick sie als Lehrling'
Hinaus in die Welt,
Kommen herum dann
Wie 's falsche Geld,
Gepufft und geknufft
Mit Sack und mit Pack,
Als wären sie Luft,
Am Essen gezwackt! —
Ordnen und putzen,
Warballen schutzen,
Schruppen und bürsten,
(Wasser fürs Dürsten!)
Schaffen und sparen
Macht mit den Jahren
Fürs Reich und fürs Haus
Männer daraus.

Dichter.

Erweckt in der jungen,
Empfänglichen Brust
An Wahrem und Gutem
Begeisterte Lust!

Soldat.

Auf zur Kaserne,
Drei Uhr im Stall,
Fünf Uhr Manöver,
Pulvergeknall.
Strenges Kommando,
Feldwebel barsch,
Her mit den Kindern!
Vorwärts und marsch!

Zeit.

Es wär' mir alles am Ende schon recht,
Wenn man's so leicht nur zuwege brächt'.
Doch paßt meinen Enkeln keine Dressur,
Und wäre sie ihnen die beste Kur.

Schulmeister.

Dann frage auch nicht um unsern Rat!
Du faßt den Vorsatz und scheust die That.

Kaufmann.

Könnt' jeder thun so, wie er will,
Bald ständ' die Weltenmühle still.

Dichter.

Beugen die Kinder sich keinem Joch,
Gibt es der Liebe Gehorsam doch!

Zeit.

Ich danke, ihr Herren,
Für eure Huld,
Der Himmel lehre
Euch die Geduld!

Alle vier.

Na, überlegt's Euch!
Strenge thut not,
Sonst ärgert das Dutzend
Kinder Euch tot.

Zeit.

Sie haben recht — wie fang' ich's nur an?
(Legt nachdenklich den Finger an die Stirne.)
Jetzt hab' ich's — musterhaft ist der Plan!
Jetzt weiß ich doch, was ich eigentlich will.
Nur bleib ich darüber noch mäuschenstill,
Bis alle zusammen dort vor dem Zelt,
Auf diese Stunde sind sie bestellt. —
Dort kommen sie schon, sechs — acht — neun — zehn,
Doch sind die andern zwei nicht zu sehn.
(Zum Publikum.)
Ich will mich verstecken und denke nach,
Wie ich's am besten vollführen mag.
(Alle Monate bis auf Dezember und Mai kommen paarweise oder in kleinen Gruppen.)

Februar.

Weiß einer von euch, was Großmutter will?
Das sag' ich euch gleich: Lang halt' ich nicht still.
Mir zappeln die Füße nach einem Galopp,
Den ich mit Fräulein Karneval hopp'!

Juni.

Du tänzelst immer vor ihrer Thür,
Läßt deine Schwestern sitzen dafür.

Februar.

Zwar bist du rosig, doch gar zu spitzig,
Für mich zu dornig und viel zu hitzig.

März (mit tiefer Stimme).

O weh eurem Leichtsinn,
Bekehrt euch zum Beichtsinn!
Nehmt Geißel und Asche,
Daß nicht überrasche
Der Tod euch in Sünde —
Ich hab' meine Gründe.

April.

Gott hat die Welt gemacht,
Daß man drin lebt und lacht,
Ist ja der Fastengang
Doch nur sechs Wochen lang!

(August hat mittlerweile die Hängematte aufgespannt und sich hineingelegt.)

Juli.

Seht 'mal diese neu'ste Mode!
Wir, wir plagen uns zu Tode —
Der August, so weich wie Watte,
Faulenzt in der Hängematte!

August.

Ferienmonat bin ich, Brüder,
Aelter schon und etwas müder —
Wenn die andern soviel thun,
Muß doch einer endlich ruhn!

April.

Komm, ich schenk' dir meinen Ranzen,
Geh zur Schul' und laß mich tanzen!

November (bläst ins Horn).

Hifthorn klingt im Waldrevier,
Und noch immer steht ihr hier?

März.

Kuckuck hol den Jagdgenuß!
Hirsch und Hase — Schuß um Schuß —
Stampft das Feld in wildem Lauf,
Und mein Samen geht nicht auf!

Oktober.

Sei ruhig! Mir droht die größ're Gefahr
Vom alten, griesgränigen Januar.
Er friert mir den Boden zu Stein und Bein
Und tötet die Reben, die schwächlich und klein!

Januar.

Das bildet Oktober sich wieder 'mal ein.
Wer weiß, was wieder sein Leberlein druckt —
Er hat wohl zu tief in die Flasche geguckt!

Oktober.

Es sind deine Sprüche so faul wie dein Obst —
Man schluckt nichts hinunter, so sehr du auch tobst!

Zeit (tritt vor).

Wieder am Zanken,
Balgen und Necken!
Schämt euch, ihr dreißig-
Tägigen Stecken!
Flink in die Reih'!
Wo sind geblieben
Dezember und Mai?

Januar.
Dezember flog mit gold'nem Flügel
Hinaus im flockenweißen Kleid
Und trug in ferne Heidenländer
Den Weihnachtsbaum der Christenheit.

Juni.
Mai ist fortgewandert,
Weiß es nicht, wohin?

Zeit.
Hört, was ich beschlossen!
Eisern ist mein Sinn.
Enden muß das Streiten,
Keinem sei's erlaubt —
Alle zu vereinen,
Einer sei das Haupt!
Einer sei's, der richtet,
Fest und gütig schlichtet.
Wählt in dieser Stunde
Aus dem eig'nen Bunde
Königin oder König —
Den Gewählten krön' ich!

(Dezember kommt und mischt sich unter die Monate.)

Wintermonate.
Dezember! Hier in unsre Reih'!

Zeit.
Folg dem Ruf, doch wähle frei!

Sommermonate.
Wir grüßen den Vorschlag,
Von Frieden beseelt,

Doch werde ein Sommer-
Monat gewählt!

Wintermonate.

Wir beugen uns willig,
Doch stimmen allein:
Ein Wintermonat
Soll König sein!

Sommermonate.

Ein Wintermonat — es ist zum Lachen!
Wollt ihr aus Eis seine Krone machen?

Wintermonate.

Besser aus Eis so glänzend wie Blitz,
Als Distelkrone bei Hundtagshitz'!

Sommermonate (zum April).

Was stehst du lachend, gaffend und still?
Der unsere bist du — eil dich, April!

Wintermonate.

Zu uns herüber! — sonst reut es dich später,
Zu uns, du verkniffener, kleiner Verräter!

April.

Erst seh' ich, wohin der Vorteil sich neigt,
Dann werde ich wählen — das heißt: vielleicht!

Zeit.

Ein Schulbub ist auf dem Erdenring
Das allerunbeständigste Ding.

Dezember.

Du solltest dich schämen ins Herz hinein!
Was denkt von dir nur das Christkindlein?

Zeit.

Nun sag' ich es euch zum letztenmal:
Einiget euch und schreitet zur Wahl!

Sommermonate.

Nimmer, solang am Himmel ein Stern,
Sehn wir den Wintermonat als Herrn!

Wintermonate.

Nimmer, solang ein Tropfen noch rinnt,
Sind wir für'n Sommermonat gesinnt!

Zeit.

O Schande, daß keiner brüderlich liebt,
Sich selber vergißt und dem andern gibt!
Die eig'ne Ehre hab' ich verpfändet:
Hier bleibt ihr, bis der Zwiespalt beendet!

Mai.

Grüß Gott, ihr Geschwister,
Großmütterlein Zeit!
Was steht ihr denn alle
So ernst und entzweit?

Zeit.

Wo bist du gewesen?
Es strahlt dein Gesicht!
Ich hab' euch berufen —
Dich fanden wir nicht.

Mai.

Ich komm' von der jungen, sprossenden Saat,
Hab' der Erde vertraut, daß der Sommer naht,
Was Wintermonde schützend bedeckt,
Fruchtblüten, tausende, hab' ich geweckt.

(Zu den Wintermonaten.)

Euch dank' ich die weiche Decke von Schnee,
Sie wahrte sie sicher vor Frostesweh;
Euch dank' ich die tiefe, die erquickende Ruh' —
Sie führte neuem Leben sie zu.

(Zu den Sommermonaten.)

Nun reift, was vertraut eurer liebenden Glut,
Entwachsen so früh meiner zärtlichen Hut!
Es liegt im munteren Wettverein
Von Sommer und Winter der Ernte Gedeihn.

Alle Monate.

Du hast gesprochen für alle zugleich.
Sei Königin du in der Monate Reich!
Königin Mai, die alle versöhnt,
In Jubel und Liebe werde gekrönt!

Mai.

Noch kann ich den freudigen
Ruf nicht verstehn.
Kaum wag' ich zu fassen,
Was heute geschehn.

Zeit (zu den Monaten).

Geleitet die Königin jubelnd ins Zelt!
(Die Monate geleiten sie mit Zurufen ins Zelt.)

(Zu Mai sich wendend.)

Empfange du knieend aus zitternder Hand
Die duftige Krone, der Herrschenden Pfand!
(Krönt sie und läßt sich auf einer der unteren Stufen nieder.)

Mai.

So trag' ich die Krone
Und sage euch Dank.
O, schwöret mir Treue,
Treu ohne Wank.
Will herrschend euch dienen,
Liebend und frei.
Nehmt ganz mich entgegen!
Zum Segen es sei!

Alle.

Hoch Königin Mai!